El
Cangrejo
de las
Siete Patas

Un viaje imaginario a la vida de Federica

LILIÁN CRISÓSTOMO

Publicado por Ibukku
www.ibukku.com
Diseño y maquetación: Índigo Estudio Gráfico
Copyright © 2020 Lilián Crisóstomo
ISBN Paperback:
ISBN eBook:

Índice

A los cangrejitos más chicos de mi camada
los cangrejitos hijos de mis hijos
Samantha, Sebastián y Matteo

"Necesito pocas cosas para vivir y las pocas que necesito, no sé si las necesito"

SAN FRANCISCO DE ASÍS

Introducción

Había una vez una princesa llamada Federica...

Así comienzan casi todas las fábulas de princesas, pero en este cuento te invito a acompañar a Federica en un colorido viaje —imaginario y real a la vez— junto con un gran cangrejo de flores, su incondicional amigo. No te arrepentirás de haberte sumergido en el amplio universo de ambos. Te enamorarás y engancharás con sus protagonistas. Es un vistazo de varias épocas de la vida de Federica en donde tuvo vivencias, sentimientos auténticos y genuinos, y los está compartiendo contigo.

Notó Federica que había un inmenso vacío generacional en su existencia y entonces pensó, qué mejor que llenar ese abismo con estos retazos de vida contados como fábulas, algunos llenos de mucha fantasía y otros repletos de realidad. Algunos donde el lector se identificará con ellos y otros donde sabrá quién es el protagonista.

Si coses esos retazos entre sí con el hilo de tu imaginación, alcanzarás a arroparte con el maravilloso cubrecama de la vida de Federica e introducirte en él.

Durante este viaje el lector se transportará a su primera infancia, cuando era un niño, a la vida de los cuentos de hadas, y sin darse cuenta, ese mismo lector estará sumergido en momentos de tanta realidad y raciocinio que lo regresarán a su vida de adulto.

En este laberinto de cuentos y relatos podemos escuchar a la propia Federica, sin interrupciones ni distracciones, compartiendo muchos retazos de su camino, donde te introducirás en las profundidades de su vida y podrás retroceder en el espacio viendo a través del espejo retrovisor de Federica, su propio universo.

Créanme que Federica es una mujer con una historia propia que narrar, ha tenido una vida muy intensa, pero sólo se dio cuenta de esto cuando empezó a explorar sobre ella misma y con su imaginación logró moldear en el papel algunos eventos, ficticios y reales, relacionándolos con cada personaje, los cuales también tienen su propia historia.

Este fantástico viaje lo plasma Federica en este relato para cuando sea el momento exacto de que quieras empezar a olfatearlo. En ese momento de curiosidad, será el instante preciso de iniciar tu viaje, no hay velocidad que marcar.

El viaje lo comenzó Federica cuando se percató de que la generación que le sigue quería saber más de ella, de sus vivencias, de su niñez, de su juventud, de su madurez y ahora de su vejez. Por eso, éste es el regalo de Federica a su pandilla de relevo, a sus hijos, nietos y sobrinos; también a sus pares generacionales, hermanas, amigos y primos; y por qué no, a sus antepasados: abuela, madre y tíos; y a todo quien tenga la curiosidad de volar con Federica.

No hay más tiempo que perder, suban todos a bordo de la florida nave, acomódense en sus asientos de colores, abróchense los cinturones y empecemos pronto este imaginario viaje. Estamos a punto de sumergirnos en este invisible universo.

¡Comencemos todos a soñar!

Retazo 1

La Cangrejita

Atardecía, el cielo formaba una acuarela de colores en el ambiente, el sol empezaba a bostezar para ocultarse y se reflejaba un gran camino brillante sobre el mar que se unía con el simétrico horizonte, la arena se iluminaba de plata completamente. A lo lejos una niña volaba un colorido *papagayo* que serpenteaba en las alturas su gran cola de papel, y a su lado, un brillante canasto de mimbre se elevaba de la arena casi imperceptiblemente, flotaba como levitando. Todo estaba en armonía. Aunque era magnífico el paisaje y no podía ser más perfecto, Federica sentía una inmensa tristeza, la misma melancolía que la invade siempre que el día comienza a marchitarse y empieza a llegar a su final. El día morirá pronto.

Rompiendo su nostalgia…

—¡Tiano!, ¡Tiano! —gritó Federica a su pequeño nieto. Vamos a caminar descalzos sobre la arena seca de la playa, buscaremos caracolitos y conchitas de mar para ver cuántas encontramos.

¡Frustración!, no encontraron ni una sola.

Valiéndose Federica de una gran imaginación le dijo a Tiano:

—Buscaremos cangrejitos en la arena y cuando ellos se escondan en sus cuevitas, los seguiremos y cavaremos ese huequito para ver si encontramos una gran fortuna escondida.

Estuvieron largo rato persiguiendo cangrejitos, respirando el salitre del mar que quedaba impregnado en sus cuerpos. Federica se sentía completamente enclavada en esta misión. Tiano, a sus 4 años, llevó a Federica a la misma edad, hasta que vieron un cangrejito rojo que corría como desorientado a lo largo de la mojada arena. Ya Tiano y Federica, sin darse cuenta, se habían alejado de la arena y llegado a la orilla del océano en su mutua tarea.

Federica, dirigiéndose a Tiano, musitó:

—Vamos Tiano, sigamos a ese travieso cangrejito rojo que es igual al de mi signo zodiacal, parece muy paternal y enfocado en su hogar —le explicó Federica a su nieto.

Así estuvieron jugueteando con el cangrejo largo rato, hasta que el cangrejito rojo los condujo a su guarida. Era una cuevita encantadora, un hoyito en la arena rodeado de muchas flores silvestres anaranjadas y amarillas, las favoritas de Federica.

Federica susurró al oído del niño:

—Ven Tiano, metámonos a su huequito a ver qué encontramos, cierra los ojos, dame tu mano e imaginémonos que nos ponemos chiquiticos para entrar en su casa.

Cerrando sus ojos, se concentraron ambos y de repente estaban dentro de la cueva, un agujerito hermoso. Bajaron unas largas escaleras alfombradas y llegaron a un salón decorado con miles de conchitas de mar. Ahora entiende Federica por qué no encontraron ni un sólo caracolito afuera, nada sucede por casualidad. El cangrejito rojo resultó ser una cangrejita y tenía dos cangrejitos divinos. Les contó que papá cangrejo salió de la cueva al nacer el segundo cangrejito y no había vuelto jamás.

Después de un intenso y caluroso día de arena y playa y de la maravillosa expedición buscando conchitas, había oscurecido y Tiano y Federica debían irse para regresar al hotel donde se hospedaban. Debían estar preocupados por ellos y estarían buscándolos en toda la costa. Federica regresó a su realidad y comenzó a despedirse rápidamente de la cangrejita roja; pero antes de irse, la cangrejita roja le dijo a Federica:

—Busca en la playa a una niña que vuela un papagayo, el cometa de la libertad y los sueños; la niña tiene un canasto plateado a su lado, y te dará un regalo sorprendente con el que viajarás a universos conocidos y desconocidos para ti, te transportarás a diferentes dimensiones, a regresiones de tu vida, donde recordarás hermosas y adversas vivencias, pero mantendrás siempre tu esencia. Mira a través de tu espejo retrovisor, pero recuerda siempre de regresar a tu realidad, no te quedes en la fantasía. Ahora vete con Tiano para que no se te haga más tarde.

Corriendo apresuradamente Federica y Tiano salieron de la cueva. Tiano iba sostenido por la mano de su abuela y mantenía los pies suspendidos en el aire por la velocidad que llevaba Federica para llegar a su destino.

Al regresar al hotel y a su entorno, notó Federica un tumulto de gente en el lobby, los estaban buscando, ya su hijo Matías había movilizado la seguridad del hotel para salir a buscarlos a la playa. Los habían reportado como desaparecidos. De repente, aparecieron la abuelita traviesa y el nieto inocente que no se percataban de la gravedad del asunto. Los dos estaban llenos de arena de pies a cabeza, Federica parecía una chiquilla que no sabía qué decir, pero se sentía feliz y muy inquieta por la misión que iba a iniciar pronto. Sólo tenía en la cabeza a la niña del cometa a quien iría a buscar al día siguiente y que recordó haber visto hoy en la playa mientras atardecía.

Entretanto, su hijo Matías le recriminaba por lo irresponsable que había sido y por no tener el celular encendido, Federica no quería volver a la realidad. Federica estaba como ausente, se sentía como una pequeñuela, sólo pensando en la maravillosa aventura que emprendería y estaba desesperada por comenzar, con la complicidad de Tiano.

La emoción e inquietud que invadían a Federica, le impidieron conciliar el sueño esa noche. Dio incontables vueltas en la cama y finalmente, casi al amanecer, cayó en los brazos de Morfeo. Hundiéndose en la dimensión de la fantasía empezó Federica a soñar con su nieta Thamansa, la hermana de Tiano, que para entonces contaba con 8 años; la niña le sonreía y la saludaba con una mano y se percató Federica que con la otra mano zigzagueaba un colorido papagayo. Una canasta de mimbre brillaba y flotaba al lado de la pequeña. La niña del cometa era su querida Thamansa. Dejó Thamansa libre al cometa que desapareció en el infinito cielo azul, sin una nube; tomó con mucho cuidado en sus manos, ahora vacías, al misterioso canasto plateado.

En el sueño, se acercó Thamansa a su abuelita Federica y le entregó la cesta con un hermoso niño recién nacido. Se percató Federica de que el niño dentro de la canasta era su querido Tteo, el nieto más pequeño que acababa de nacer, hijo de su hijo Fernando; era un bebé hermoso. Tteo tenía debajo de su cobija de estambre, tejida por Federica en los meses anteriores a su nacimiento, una preciosa cajita de madera con una leyenda en su tapa en que se leía "*Laberintos de Federica*".

Le explicó Thamansa a su abuelita:

—Busca al cangrejo de las siete patas y emprende tu marcha a lo largo de la línea de tu vida. Esta caja contiene siete llaves, cada llave tiene una forma diferente y abre una puerta distinta que te llevará a siete laberintos de tu vida, será como ver tu existencia a través de un espejo retrovisor. No hay ningún orden para utilizar las llaves y no están numeradas. No olvides cerrar bien cada portezuela después de navegar por el pasaje por donde esa puerta te condujo. Para poder pasar a la próxima puerta tienes que sellar el agujero de la cerradura de la puerta anterior para que puedas abrir el cerrojo del próximo laberinto a explorar. Revivirás nuevamente muchos episodios de tu existencia, olvidados u omitidos, y posiblemente descubrirás nuevas vivencias de tu esencia desconocidos totalmente para ti. Disfruta mucho de este viaje.

Despertó Federica de su profundo sueño, muy confusa y emocionada a la vez. Vio a sus nietos Thamansa y Tiano saltando en la cama alrededor de ella y a Tteo, en su canasto, mirándola profundamente con esos grandes ojos azules, como si entendiera todo lo que sucedía. Tteo le regaló una inocente sonrisa. Volvió Federica a la realidad, percatándose de que tenía bajo su almohada la bella cajita de madera que vio en el sueño y al abrirla vio las siete llaves en su interior.

Retazo 2

Federica en esencia

El sol brillaba enceguecedor, y a diferencia del día anterior, en vez de nostálgica, Federica se sentía muy llena de energía y muy ansiosa por emprender su misión. Caminando largo rato por la arena, absorbiendo el salitre del mar, se tropezó Federica con un gran cangrejo, este hermoso cangrejo tenía siete patas, y en cada pata había una puerta que la conduciría a un laberinto diferente de su existencia que Federica debía recorrer. La excitación por empezar a transitar la madeja de corredores y escalinatas que la llevarían a los infinitos laberintos, se le escurría por la piel y le goteaba a borbotones por los poros. Con mucho silencio y curiosidad a la vez, tomó Federica una llave rosada de la cajita y abrió la puerta de la primera pata del cangrejo, como le dijo Thamansa en el sueño, sin ningún orden.

Escogió Federica este primer pasaje porque el portal le llamó la atención por el color rosado pálido de la puerta y de la llave que abriría ese laberinto, un rosado hermoso; de la llave colgaba un azabache negro en forma de manita. Federica se descalzó y la portezuela se abrió a medias y con mucho misticismo, casi imperceptiblemente, ingresó a esta senda. Dio Federica un giro en sí misma y observó un letrero lleno de flores que leía *"Naciendo"*. Entonces traspasó el umbral donde colgaba el expresivo letrero y una vez adentro, vio un aura muy clara que llenaba el recinto. Se sentía mucha paz y mucho frío a la vez, un olor a rosas invadía el ambiente.

Gran sorpresa para Federica cuando se vio emergiendo del vientre de Bernarda, su cabeza brotaba de su madre. Un galeno la ayudó a terminar de salir y se vio Federica colgando de sus pies y con una dolorosa nalgada empezó su existencia. Temblando de frío y llorando del dolor después de su primer azote, se la entregaron a su madre, quien la acurrucó en su regazo, la acarició y la besó con mucho amor. Era su primogénita y se llamaría Federica, un nombre de origen germano y que significa "princesa de paz". Así pasó Federica por el traumático y maravilloso momento de su nacimiento. Nacía de un vientre guerrero y acababa Federica de entrar al pasaje de su comienzo.

Era día lunes, cuando empieza la semana, era la una de la madrugada, cuando comienza el día, y bajo el signo del cangrejo, cuando nació Federica, y sólo por eso, su destino estuvo marcado por la magia que encierra el satélite regente de este signo, la Luna. Por regirla la Luna, Federica tiene a veces sus toques de locura. La familia y los sueños delimitan su futuro. Los nacidos en día lunes, como Federica, tienen mucha vitalidad. Son apasionados y no soportan los términos medios. Tienen un gran sentido de la justicia y valoran la verdad. Deben equilibrarse en el amor porque no tienen seguridad en su pareja. En la hora que nació Federica, el Sol está opuesto al lugar donde uno habita, está abajo, en el fondo de la tierra, en el otro lado del mundo, pero es la hora donde comienza el día. La hora del crecimiento y del empezar y todo lo que empieza está lejos de terminar, todo está naciendo, así como Federica. Su signo zodiacal, el cangrejito de cáncer es regido por el elemento agua, por lo que expresa su energía a través de sus emociones. Organiza su grupo familiar y es muy protectora, una verdadera mamá.

Federica acaba de tener una regresión que la trasladó al momento de su nacimiento, a su comienzo, a su raíz, ese momento tan sublime entre ella y su madre Bernarda. Estuvo de nuevo al principio de su vida; no podía creer Federica que esto le estaba sucediendo, se sentía elevada por ese inusitado momento. Quería quedarse allí, acariciada y amada, pero tenía que seguir su camino por otra dimensión.

Como le había dicho Thamansa, salió Federica de esta primera entrada y selló la puerta con la llave dejándola colgada en la cerradura.

Una vez afuera, sonrió Federica con complicidad al inmenso cangrejo. Sin perder tiempo, continuó su recorrido al próximo pasaje, cuando vio otra entrada que la llenó de gran curiosidad; esta puerta estaba en la segunda pata del cangrejo. Había una especie de casita estropeada, pero con un aspecto muy cálido que inspiraba a entrar y permanecer allí. Esta vivienda era la morada de un colegio, en la entrada decía "*Colegio Libertad*". Sí, ese era su primer colegio, reconoció Federica. ¡Qué sorpresa!

Tomó la segunda llave, una llave de muchos colores, como un arco iris, la que agarró con mucha emoción y le llamó la atención por lo colorida de la misma. La midió en la cerradura, encajando perfectamente y abriendo de plano la portezuela de esta linda casita.

Corrió Federica a través de esa puerta al interior del recinto. Se paró en seco y recordó que era su primer día de colegio y ella estaba lista para ir al kínder, vestida de punta en blanco, con uniforme nuevo, estrenando zapatos de patente negro y medias blancas. Federica no quería ir, se sentía ansiosa y nerviosa, como siempre, su timidez la consumía, quería pasar desapercibida, que nadie notara que ella existía, que la ignoraran, pero lamentablemente eso no podría ser posible, ya que todos los niños la miraban porque ella era la única que tenía un uniforme diferente. El uniforme del "Colegio Libertad" era de cuadritos rojos y blancos, pero el de ella era de cuadritos rosados y blancos, y para completar, los cuadritos de su uniforme eran mucho más pequeños que los del uniforme reglamentario. Ella debía pasar por este bochorno sólo porque a su tía Matilde se le ocurrió mandarle hacer el uniforme diferente, porque a la tía le gustaba ese color, porque encontró la tela más barata, o simplemente porque a la tía se le daba la gana. Federica se pregunta, ¿por qué tengo que venir vestida diferente a las demás niñas? Quería Federica reencarnar en ese momento en algo que pasara desapercibido, en una hormiga, en una mariposa, en algo que la hiciese desaparecer. Aunque ningún niño miraba a Federica, ni siquiera se daban cuenta que ella existía, Federica, con sólo 5 años de edad, no quería ser diferente a las demás niñas.

Federica recuerda que pasó todo ese año escolar, mientras cursaba el kínder, sin hablar con nadie; su timidez era tan grande que no fue capaz de levantar la mano cuando su maestra, tomando su merienda, preguntó: ¿de quién es este chocolate? Era su chocolate favorito, un chocolate de leche marca Savoy, la boca se la hacía agua, pero prefería tragarse toda esa saliva acumulada en su boca, que correr hacia su chocolate, como lo hubiera hecho cualquier criatura de esa edad. Estaba petrificada en su pequeña silla, por su gran timidez.

En ese período del kínder recuerda que mientras todos los niños jugaban, dibujaban o moldeaban con plastilina, ella prefería hacer planas, hacer letras y repetirlas una y otra vez, con tal de no ver a nadie, de no levantar la mirada del papel. Sería por esa experiencia y práctica de escribir que tenía una letra bellísima desde pequeña. Recortar papel era su pasatiempo favorito. Prefería hacer todo eso, sólo para no tener que socializar o conversar con los demás niños. Y así transcurrió todo el año escolar, el paso por el kínder de Federica.

Viene a la memoria de Federica que, en el grado de *Preparatorio* del preescolar, le encantaba la lectura, aprendió a leer con el *Silabario*. Antonia es la única maestra cuyo nombre recuerda, era su maestra de *Preparatorio*. Antonia era una mujer española, muy alta y culona, con el pelo muy corto, parecía lesbiana, pero Federica está agradecida que por su maestra Antonia y la ayuda de su abuelita Petra, que le tomaba la lección todos los días, aprendió a leer muy rápido.

Federica volvió a la realidad de este éxtasis que la llevó a su primera niñez, esa parte inolvidable de la vida de todo ser humano y que te marca para siempre, esa etapa cuando esos pequeños problemas sin importancia para los grandes son inmensos para quien es una niña. No puede olvidar Federica a su bebé querido, que era su muñeco favorito, se lo regaló la tía Matilde cuando ella cumplió 5 años. Lo amaba y se refugiaba en él, abrazándolo, apurruñándolo y besándolo hasta cansarse. Alfredo, como se llamaba su bebé querido, era *achinadito*, con el pelo liso amarillo y tenía el cuerpo de trapo que lo hacía moverse como un verdadero bebé. Quiso permanecer allí reviviendo muchos más episodios de su primera infancia, pero tenía mucha curiosidad de seguir explorando y revolviendo su vida pasada.

Continúa introduciéndose en esta maraña de recuerdos, sigue recorriendo su laberinto y ve un viejo portón estropeado. A este portón le da mucho miedo entrar, pero debe explorarlo y sumirse en él, es parte de la alianza a la que llegó con mamá cangreja. El portón tiene una reja azul y dice "*Grupo Escolar José Martí*". Un bedel vestido todo de kaki, con los pantalones abombachados sujetados por un cinturón negro, con una barba canosa y un gran tabaco en la boca, sale a su encuentro con un gran manojo de llaves colgando en un aro metálico. El hombre, que también tiene un diente envuelto en oro, sonríe y abre a Federica el gran candado viejo y oxidado de la puerta con una gigantesca llave igualmente oxidada. Al introducir la llave en el agujero del candado, esta ruge como un león furioso y al atravesar Federica el umbral del portón, empieza a temblar. Escalofríos invaden su cuerpo y comienza a recordar Federica dos años de su infancia que quisiera borrar para siempre de su memoria.

Tenía Federica 8 años y se acuerda que estudió en esa escuela el segundo y tercer grado de primaria. No le viene a la mente nada agradable de esos momentos, era una escuela pública gigantesca, impersonal, con salones de clases lúgubres, techos altos, ventanas enrejadas sin vista al exterior, con poca iluminación, con paredes pintadas de colores oscuros brillantes, ha olvidado a todas sus maestras, ni siquiera recuerda sus caras. El uniforme escolar era muy pobre, un jumper de piqué blanco con una blusa de algodón de rayitas azules y blancas.

Los recuerdos que vienen a la mente de Federica son de terror; recuerda a una enfermera vestida de blanco que iba a buscar a los niños al salón de clases para llevarlos al dentista de la escuela y les arreglaban los dientes sin anestesia. ¡Qué horror! Otro recuerdo aterrador era ir al baño en esa escuela, ya que era un espanto, se decía que en los baños aparecía el fantasma de una enfermera que había muerto. Como niña, orinaba o cagaba con un pie en la puerta, lista para salir corriendo en caso de que se le apareciera la famosa galena vestida de blanco.

También viene a la mente de Federica, y le resuena en la cabeza como si lo estuviera viviendo, que cuando al salir del colegio compraban su helado favorito ella y sus dos hermanas, de repente, antes de dar el primer mordisco y como de la nada, aparecían unos niños zagaletones del barrio y se los arrancaban de las manos para comérselos ellos. Fue horrible vivir esa época.

Federica quiere huir corriendo de ese retazo de su vida, llora y grita desesperada, quiere hacer añicos la ropa que lleva puesta. Cuando logra salir de esa maraña de terribles memorias se percata de que está empapada de orina, bañada en lágrimas, gimiendo como un bebé desamparado y decide descansar. Está exhausta, qué desesperación e impotencia resucitar y volver a vivir lo que pasó en ese colegio. Cierra esa espantosa reja de un gran portazo y desea que nadie pueda volver a abrirla. Finalmente, el gran cangrejo abraza a Federica con sus patas tratando de acariciarla con sus tenazas principales.

Corre desesperada huyendo del horror que acababa de revivir visitando la anterior puerta, que más bien parecía una maraña de pavor sin salida, y entonces el gran cangrejo, que quiere mantenerse imparcial, conduce con mucho amor a Federica a su tercera pata, donde Federica puede que encuentre seguridad.

A lo lejos ve una hermosa puerta blanca, ancha y doble, que le transmite mucha paz y la invita a penetrar. Toma la llave blanca que contiene la caja y abre la puerta sin ninguna dificultad. Percibe un aroma a comida casera recién hecha que le estimula el apetito. Olor a comida de su abuelita. Su dulce hogar, la casa de su abuelita. La *"Quinta Carmen"*, donde encuentra mucha paz.

Recuerda Federica estar sentada en la escalera del frío granito de la pacífica casa de Bello Monte, donde pasó gran parte de su niñez y jugaba con todas sus muñecas. Era ella misma, tenía Federica 12 años y este placer que sentía vistiendo y hablando con sus muñecas lo hacía Federica a escondidas para que nadie la viera, porque ya era una señorita, ya se había desarrollado; la regla le venía regularmente todos los meses y qué iban a decir sus amiguitas si la veían con su muñeca favorita en brazos o vistiendo a su Barbie. A esa corta edad, se sintió melancólica y los ojos se le llenaron de lágrimas, porque hay etapas de la vida que te parecen tan cortas que no quieres desprenderte de ellas, son círculos que quisieras cerrar más tarde y merecen ser cerrados después. Se despedía de su infancia, pero Federica no quiere hacerlo, quiere estar más tiempo allí, en su feliz niñez. La niñez se le esfumaba como el humo.

Cuando niña, a Federica el tiempo le pasaba muy lentamente, las vacaciones escolares de dos meses le parecían eternas, pero las añoraba muchísimo. Pasaba la mayor parte del tiempo con su abuelita, era la nieta predilecta de Petra, cuyo nombre era de origen latino y significa "firme como la piedra". Al lado de Petra o Petrica, como la llamaba todo el mundo, Federica se sentía segura. Petrica se esmeraba por esa nieta primogénita, "su niña" como la llamaba. Compartía mucho con su abuelita, quien era una mujer sabia, a pesar de que sólo había estudiado hasta el segundo grado de primaria. Federica escuchaba con la boca abierta y la quijada caída todos los largos cuentos que su abuelita le contaba y le inventaba mientras esta cocinaba, cosía o tejía. Su abuelita no conocía el ocio, siempre estaba haciendo algo. Petrica enseñó a su nieta a tejer, bordar, pegar un botón, y muchos quehaceres domésticos que en esos tiempos eran sólo de las mujeres.

La vida de Federica ha estado llena de muchas reglas, normas, críticas y muchos "no", que con el correr del tiempo los ha convertido en "sí" y la han ayudado mucho a sobrevivir en su vida. No te rías tan alto, no te rías en la calle, no cantes duro porque no tienes buena voz, no mires así, no seas imprudente, no seas curiosa, no hables con la boca llena, no agarres el tenedor así, no piensas en los demás, sólo piensas en ti, nada te satisface, no, no, no…

Piensa Federica que en su otra vida posiblemente fue mendiga. En sus momentos de meditación llega a la conclusión de que desde pequeña siempre ha estado muy limitada económicamente y llena de carencias, aunque nunca le faltó nada, siempre tenía sólo lo necesario.

De chica, su abuelita le cosía la ropa, tenía un vestido para estar en casa y los vestidos de salir, que eran muy contados, sólo se los ponía el domingo para ir a misa. En cuanto a zapatos se refería, sólo tenía el par de zapatos para el colegio que debían durarle todo el año escolar y un par de zapatos de salir que normalmente eran de patente negros porque combinaban con todo. Los textos escolares debía forrarlos con papel verde de forrar libros, papel auto adhesivo era un lujo y debía cuidar esos libros para que los utilizaran sus hermanas menores el próximo año escolar. Era una presión por todos lados; pero con todo y eso, se sentía afortunada, ya que por lo menos ella estrenaba los libros y la ropa. En cambio, a sus hermanas, aunque estrenaban también, siempre heredaban su ropa usada, así nos enseñaron y la situación no estaba para botar las cosas o decir que no te gustaba.

Se acuerda Federica que su tía Matilde, en su afán de ayudarla a vencer su timidez, la presionó o mejor dicho la obligó a que participara en un baile escolar en el teatro de la escuela en donde Federica debía bailar un vals. Eran tres parejas en el escenario y ella vestía un vestido largo verde agua, precioso, lucía hermosa, pero su miedo escénico la crispaba. Lo que recuerda de ese hermoso baile fue que al público le gustó tanto el acto que pidió que lo repitieran otra vez con bastantes aplausos. Tuvieron que volver al escenario a repetir el baile. Qué bochorno para Federica, para colmo tuvo que volver a bailar. Su gran timidez la persiguió como una sombra desde la infancia y la escondió hasta cuando pisó su adolescencia.

En esa cálida casa de Bello Monte, también transcurrió parte de la pubertad de Federica. Su adolescencia fue muy feliz y llena de momentos agradables y travesuras que recuerda con mucha emoción. Recuerda momentos inolvidables, esperando el fin de semana para ir a la fiesta de turno, coquetear con el muchacho que la cortejaba, cantar al sonido de la guitarra las canciones románticas del momento, disfrutar el beso de adolescente que le hacía vibrar hasta la última fibra de su cuerpo, caminar el domingo por el boulevard de Sabana Grande en Caracas y así podría Federica llenar un cuaderno completo hablando de su hermosa adolescencia.

Cerrando esta puerta, que la llenó de mucha paz, camina lentamente Federica para dirigirse a la siguiente pata del sonriente cangrejo.

Retazo 3

Amor y Pasión

Canturreando como una niña y como si nadie la escuchara, corre a la siguiente pata del resplandeciente cangrejo y toma Federica su cuarta llave, esta llave es de color rojo escarlata. La puerta es de un color rojo intenso y el picaporte tiene forma de corazón. Muy segura de sí misma, abre el ingreso de este apasionante sendero, al entrar al pasaje del amor vinieron a su mente sorprendentes recuerdos de todos sus amores, fueron evocaciones positivas y memorias de su vida amorosa.

Federica entró caminando lentamente por el laberinto que la condujo a un recinto impregnado de una fragancia extraña pero muy familiar, entonces percibió Federica que la habitación olía a estrógeno, y el estrógeno huele a pasión, a mujer enamorada, a mujer joven, a sábanas húmedas impregnadas de amor, y así precisamente recordó cómo se fundía su cuerpo con el de Héctor en sus fugaces encuentros.

Estaban al rojo vivo y ardían de pasión sólo al pensar que estarían juntos de nuevo, pero ninguno de los dos tuvo el coraje de caminar unidos por un solo rumbo. Caminaban en paralelo y sólo convergían en sus breves encuentros, eran encuentros mágicos, casi idílicos, algo que no tenía nombre, había que saborearlos. Héctor la poseía, la hacía suya, se amaban con la velocidad de sus sentimientos. Federica se entregaba totalmente, se dejaba llevar, cabalgaba salvajemente sobre el cuerpo de Héctor, acoplada sobre su amante y así lo tenía tatuado en su piel. Héctor la hacía flotar como si no hubiera gravedad en el ambiente y se desvanecían como en el espacio infinito. La grandeza de la pasión que sentían se sudaba, se transpiraba, se destilaba hasta quedar debilitada en un apasionado orgasmo. Cuando estaba con Héctor sentía como si se evaporaba.

Estuvieron enlazados por más de 25 años con grandes ciclos de ausencia y lejanía. Nunca pasó por sus mentes la palabra separación, ni la palabra estaremos juntos siempre. Sólo vivían ese momento único e irrepetible. Entre los dos existe una alianza de cómplices. Héctor la hace sentir viva nuevamente. Ella se entrega y él lee sus silencios.

Recuerda Federica que vibró la primera vez que vio a Héctor como cuando alguien pulsa la cuerda de una guitarra. Él estaba sentado en el salón de clases de la universidad donde ambos se conocieron y estudiaban administración. Héctor conversaba animadamente con sus compañeros, ni se percató de que Federica había entrado al aula. Como en muchas ocasiones, ella sintió que pasaba desapercibida ante la mirada masculina o que era invisible para los hombres, pero ella lo miró fijamente, seduciéndolo con la mirada y él la cortejó de la misma manera con una amplia sonrisa.

Federica cumplía sus 32 años cuando Héctor entró a su vida, celebraban su cumpleaños. Esa estupenda edad donde todo es ardiente y pasional. Federica estaba deslumbrante o por lo menos así se sentía al lado de Héctor, él la seducía con la mirada como nadie lo había hecho jamás, ni siquiera el padre de sus hijos. Esa noche la hizo suya, le hizo el amor como nunca, quedaron agotados, llenos uno del otro. Con el erotismo y la pasión que Héctor le dibujo en la piel, Federica aprendió que las oportunidades no se pierden, sino que si tú no las tomas, las aprovecha otra persona. Federica era luminosa pero no lograba percibir su propia luz y proyectarla.

Continuó caminando a lo largo del laberinto del amor, cuando reconoció a Fabián, el padre de sus hijos, ella tenía 23 años cuando lo vio por primera vez. Fabián la enloqueció, de hecho se casó con él tres meses después de que lo conoció. La enloquecieron sus ojos verdes y la forma pícara de su mirada, que junto con su espesa barba, completaban una armonía única en su cara. Fabián la llenó de atenciones, regalos, engaños y falsa apariencia. Federica cayó en todas sus trampas, la elevó a todas sus hipocresías y creyó todas sus mentiras.

Ese hombre hizo posible la maternidad en Federica. No se puede decir que lo amó con pasión, pero sí que la convirtió en madre. Fabián partió como papá cangrejo, dejando a la cangrejita roja con sus dos cangrejitos y no regresó jamás. Este hombre le dejó como herencia un par de hijos, lo único que tienen en común Fabián y Federica. La familia paterna de sus hijos ha manifestado siempre un absoluto apoyo hacia Federica y un incondicional amor hacia los más pequeños de esa camada, Fernando y Matías, quienes han sido consentidos y amados a lo largo de su existencia por su abuela paterna, tíos y primos por el lado de Fabián.

A los 30 años, después de nacer su segundo hijo, Matías, el malogrado matrimonio de Federica y Fabián terminó en divorcio. Fabián traicionó a Federica, le fue infiel. Lo que sucede es la única cosa que podría haber sucedido. Todo pasa y todo llega, todo empieza y todo acaba, Dios te da las cosas y sabe el momento exacto de quitártelas. Federica se vistió y continúo su camino.

Estaba Federica extenuada y muy cansada de tantas vivencias pero siguió adentrándose al laberinto del amor que cada vez se hacía más estrecho y profundo, alcanzando Federica a esos amores platónicos e imaginarios. Cuando a sus 13 años se da cuenta que algo estaba sucediendo, no sólo en su cuerpo sino dentro de su esencia, te inquieta el sexo opuesto, te mojas pensando en ese amor platónico que nunca te mira y que espías a escondidas por la ventana, lo ves pasar, te enrojeces cuando te rosan la mano y se te eriza la piel cuando te besan por primera vez. No puedes sostener la mirada a nadie del sexo opuesto. Esperas ese momento oscuro, deseas que tu mamá desaparezca, que no te cuiden tanto, ni te digan lo que está prohibido y lo que no debes hacer. Eso que no debes hacer y que está prohibido, es lo que quieres hacer. Federica se crispa porque su timidez es extrema, y la va perdiendo poco a poco al sentirse amada, deseada, solicitada. Adolescencia, divina edad, cada edad tiene su encanto y cada retazo de su vida tiene un premio. No quiere salir Federica de esta parte del laberinto de los amores imaginarios, ficticios, irreales, porque esos amores la mantienen viva, activa y enérgica.

Totalmente agotada de todo lo intenso que ha memorado a lo largo del pasaje del amor, Federica decide dormir una siesta para recuperar energías. Empieza a soñar con

Tony. Él fue el primer hombre que amó auténticamente a Federica y a quien llamará por su verdadero nombre. Tony fue el único que la amó realmente. Tenían ambos 17 años cuando se conocieron. Divina edad. Federica sintió estallar la chispa del amor, ese amor de adolescente que nunca olvidas, del que siempre tienes un hermoso recuerdo.

Se entrega Federica a Tony, siente las primeras vibraciones del afecto junto a él y mientras sueña en este momento está sintiendo ese afecto, siente ese amor de miedo y de locura. Federica lo da todo, no piensa en nada, se le eriza la piel con sólo una caricia de Tony, con un dedo que recorra su piel, su cuerpo. Están sobre la playa y Tony calca su silueta en la arena húmeda. El amor de Tony es un amor genuino, donde das todo sin medida, sin mirar consecuencias, entregas a escondidas.

Federica despierta sobresaltada del profundo sueño, totalmente mojada, empapada, más real que la realidad, no hubiera querido despertar. Olvidar la época de Tony no sería posible para Federica. Por Fabián, Federica abandonó a Tony, terminó su relación amorosa con él, un noviazgo de más de tres años. Si de algo se arrepiente Federica es de esa mala decisión tomada en su vida amorosa, decisión impulsiva, decisión de adolescente.

Se despertó Federica de esta larga siesta y se sentó sobre una piedra a lo largo del angosto laberinto, visualizando y meditando lo que pasó en su vida amorosa entre los 35 y 55 años. Fueron años de diversión, pasión, amores fugaces y no tan fugaces, momentos de compañía, de soledad, vinieron a su mente Miguel y Orlando, dos hombres que estuvieron en la vida de Federica, quienes en su momento le dieron compañía, cariño, afecto, apoyo, amistad, sexo y algo de amor, aplacando un poco su soledad y dejando una hermosa huella.

Cuando Federica ama es una mujer elemental y básica. Se entrega como una adolescente. Tiene el niño a flor de piel. Por ser de esa forma tan primaria en el amor, no ha aprendido a escoger a sus parejas, se ciega con la primera impresión y se deslumbra con el entorno que rodea al hombre que la corteja y no se da tiempo para conocer y profundizar en los verdaderos sentimientos del varón que la enamora. Ve todas las banderas en color verde. Federica es auténtica y frontal. Ama a la velocidad de sus sentimientos. No vive de apariencias. Lo que ves en Federica es lo que es ella. Confía en su hombre. Federica quiere entender que el amor es real y que su presencia en su existencia es el producto de todo el amor emanado por quienes han pasado por su vida, dándole todo lo mejor que podían y tenían en ese instante.

Federica cree en el amor al infinito por ciento y sabe que los mejores momentos de su vida se los debe al amor y los peores también. Las parejas te dan sexo, amor, pasión, seguridad, hijos, status, compañía, aprendizaje, vacío y soledad. Federica está sanada y puede contar su historia, cada etapa de su vida es única porque cada edad es diferente, cada momento es irrepetible y merece ser vivido con la misma intensidad.

Abre los ojos lentamente y se estira perezosamente, empieza a volver en sí de su intensa meditación, una nube la cubre y por un momento queda en la sombra, es hora de continuar caminando para el próximo laberinto y a diferencia de las otras puertas, esta no la quiere cerrar, quiere dejarla abierta para que siga entrando la fragancia dulce del amor. Se asegura de que la puerta no cierre, la deja entreabierta a la buena del universo, que Él haga lo que desee con el acceso a este laberinto.

Retazo 4

La Tribu

Corre apresurada, saltando de dos en dos unos peldaños que encontró en su veloz recorrido y cuando llegó al último escalón, se encontró con su querido cangrejo y destapa nuevamente Federica el hermoso estuche de madera que contiene el resto de las llaves. Escoge su quinta llave al azar, sin mirarla siquiera. Le guiña un ojo a su amigo incondicional, el cangrejo, y entra Federica con mucha precaución, a través de la quinta pata del hermoso cangrejo, a un gigantesco laberinto, permanece caminando, trepando y nadando largo rato por una culebreada maraña de caminos, buscando la puerta.

A lo lejos divisa algo como unas especies de chozas indígenas parecidas a los janokos que son las casas donde viven los Waraos, tribu indígena que habita en el delta del Orinoco, el río más grande de Venezuela. Los janokos se comunican entre sí por puentes y pasarelas, cada una tiene acceso individual al río mediante un embarcadero hecho de troncos. El techo es de palma y carecen de paredes. Como todas esas barracas aborígenes, la entrada es abierta y no se ve ningún portal y mucho menos una cerradura; más bien cubre la entrada una especie de cortina flecada y desecha, partida en dos y que hace las veces de puerta.

Al frente del bohío de paja y palos se ve una tabla maltrecha de madera rotulada "*Tribu Noremo*". Federica se acerca a la abertura que funge de ingreso a la choza y percibe que el telón deshilachado que la abriga tiene tres grandes nudos que debe Federica desanudar con la llave para poder entrar al bohío. La llave tiene forma de flecha indígena, la cual tomó Federica de la cajita de madera.

Empieza su misión de desatar cada nudo y al desanudar el último, escucha Federica una voz, casi un eco, que le dice que:

—Los tres nudos significan tres procreaciones en distintos tiempos y que a medida que se adentre en este camino irá reviviendo, conociendo y entendiendo aún más a cada generación de su clan y porqué han pasado ciertos eventos en su vida.

La exaltación se palpaba en el ambiente. Muy emocionada e intrigada a la vez, se sigue adentrando en esta telaraña para seguir descubriendo sobre su vida y sus antepasados. Casi como una película, Federica empieza a ver la proyección de su tribu, de su origen.

Federica nació en una familia matriarcal, donde el sexo masculino está casi ausente, y si existe, está ensombrecido por el mandato de una fémina. La voz de la mujer tiene mucha connotación y validez en este clan dominado por hembras.

La abuela de Federica, Petra, se separó de su marido y posteriormente enviudó muy joven, quedando responsable ella sola de levantar y educar a sus seis hijos, cinco hembras y un varón. Empieza el matriarcado. La madre de Federica, Bernarda también se divorció de su esposo y quedó responsable de criar y preparar para la vida a sus tres hijas trabajando ella sola. Sigue el matriarcado. Igual suerte corrió Federica con el padre de sus dos niños. Nunca más supo del caballero y tuvo Federica que trabajar para levantar sola a sus dos retoños. Continúa el matriarcado. Gracias a Dios que allí se rompió el eslabón de la cadena de engendradoras de hembras, ya que Federica procreó dos varones, Fernando y Matías.

Los indios y caciques de la familia, para así darles un título a los varones de la tribu, están distribuidos a lo largo de la secta, unos casados oprimidos, otros casados casi felices, y otros solteros felices que no se casan ni a balazos. El único tío de Federica, tío Ulises, se suicidó muy joven, cuando Federica alcanzaba apenas 5 años.

Gran privilegio fue para Federica descubrir que haber nacido dentro de la "Tribu Noremo" era casi como una franquicia. No todo el mundo tiene la dicha de pertenecer a ese gran clan. Esa es una estirpe estrechamente unida, impenetrable, pero muy noble. Con un sentido único de ayuda y colaboración entre sus partes. Basta que uno de sus miembros tenga una dificultad o situación que resolver, para que se una todo este gran clan para apoyar y no dejar caer a ninguna pieza dentro de su casta. Siempre se sostienen emocional y económicamente.

Adentrándose más a la cueva, Federica reconoce a Bernarda, su madre, quien está sentada como una verdadera cacique en el centro de la choza. Bernarda es una verdadera guerrera y su nombre, de origen germano, significa "la que es fuerte". Bernarda nació en 1927 y es la hija mayor de Petra, la abuelita de Federica. Bernarda es una mujer que sufre de bipolaridad y ser bipolar a principios del siglo XX fue muy cruel. Esta enfermedad mental no se conocía con nombre y apellido hasta entonces, sólo se decía que Bernarda estaba nerviosa, que era malcriada, que era grosera, que no se controlaba o simplemente que estaba cada día más loca.

El que sufre de bipolaridad presenta a lo largo de toda su vida dos estados de ánimo, uno el eufórico y otro el maníaco depresivo, y estos estados de ánimo hay que controlarlos con fármacos psiquiátricos, porque fácilmente puedes saltar de un estado al otro sin previo aviso.

Bernarda, en los estados eufóricos de su enfermedad, se sentía una reina y muy alegre, era dueña del mundo, pero estos estados eran tan extremos e incontrolados, que peleaba con la gente, los insultaba, ella sentía que se merecía todo y que tenía la razón siempre. Esto la llevó a discutir mucho con su pareja, a perder trabajos excelentes, a tener celos enfermizos, a pelear con sus hijas, a odiar a su hermana, a hacer sufrir a su madre. Para Bernarda, en sus estados eufóricos, no había freno ni nada que la detuviera.

En cambio, en su estado depresivo, Bernarda se sentía morir, sin ganas de vivir, como si estuviera en un sótano oscuro, prisionera en su cuerpo. Sólo quería dormir y no despertar. Esto la llevó una vez a intentar suicidarse cuando Federica sólo contaba 12 años. Fue terrible para Federica ver sacar a su mamá de la casa en una ambulancia, fría y no respondiendo a ningún llamado de vida. Al tercer día, cuando despertó la guerrera de su profundo sueño, sólo alcanzó a decir:

—Para qué me revivieron, yo era feliz en ese estado letárgico donde sólo veía hermosas flores y valles verdes.

Bernarda estuvo a punto de irse para otra dimensión que, según ella, era extraordinariamente maravillosa, pero no era su hora, tenía mucho que vivir y conocer todavía.

Bernarda ha estado hospitalizada muchas veces en instituciones mentales para hacerle tratamientos psiquiátricos, curas de sueño y constantemente tiene su psiquiatra de cabecera. En muchos de estos centros mentales tratan a los residentes de forma inhumana. Cuenta Bernarda que levantan a los pacientes muy temprano, los desnudan y los bañan con agua helada y con mangueras de presión, la comida es muy mala y la sirven fría. Después de pasar por todas esas vicisitudes, felizmente todavía la guerrera está viva y controlada su bipolaridad con sus medicamentos.

Esta guerrera es el ejemplo de Federica. La madre de Federica, con su ingrata enfermedad mental, levantó a sus tres hijas. Tiene seis nietos y cuatro bisnietos y tiene a su compañero al lado de ella. Hoy en día Federica entiende tanto a su madre y sabe que su progenitora ha vivido toda la vida secuestrada dentro de su propio cuerpo. Federica ha entendido que no pasa nada si en su familia hay bipolaridad y lo ha aceptado con naturalidad.

A pesar de esa cruel enfermedad, Bernarda es la que más ha disfrutado su vida, ha vivido sin prejuicios dentro de esta hermética tribu. Ha hecho lo que le ha dado la real gana con su existencia. No le puso atención al qué dirán. Ha sido feliz a su manera porque no ha vivido de la opinión de los demás. En su época de joven, lo cual era muy mal visto y hasta un pecado, vivió con su pareja sin casarse, eran amantes y hasta ahora están unidos. La tribu no aceptó a don Mariel, la pareja de Bernarda, por mucho tiempo. Hoy en día es admitido en el núcleo del clan y respetado por Federica y sus hermanas como el señor Mariel, su padrastro.

De repente, al lado de Federica por este intrincado laberinto, aparece su tía Matilde, quien es la segunda hermana de esta primera generación viva. Matilde, un nombre de origen germano que significa "la poderosa". Tía Matilde guarda todos los secretos de la familia, desde pequeña fue muy despierta, inteligente e intelectual. La perfección de niña, la favorita de Petrica, la abuela de Federica. Matilde siempre fue motivo de celos de Bernarda, la hermana mayor de esa generación.

Cuando muera tía Matilde se llevará consigo mucha vida, recuerdos y vivencias de su generación. Partirá con ellos hacia el más allá. La gente más antigua de la tribu se irá a la otra dimensión con muchos secretos, sin contarlos; unos quizás por miedo a relatarlos y otros porque quizás a su edad no son capaces de recordarlos.

Matilde es la tía "sabia" de la tribu, para darle un calificativo a cada uno de los miembros de la tribu. Por su buen criterio, tiene mucho control sobre esta familia y casi siempre tiene una opinión acertada para cada cosa. La tía Matilde fue un *"role model"* para Federica, muchos de los valores que tiene Federica los heredó de su tía. Matilde ha sido muy buena con todos sus sobrinos y hermanas, siempre ayuda en todo, trata de aconsejar en todas las decisiones grandes y pequeñas que haya que tomar en la tribu. Tía Matilde no tuvo hijos, vivía con su mamá Petra y con la hermana de Petra, quien había enviudado y a la vez era tía de Matilde. A Petra todo el mundo la llamaba "Petrica" y a su hermana la apodaban "la Padrina" por lo bondadosa que era con todos los miembros de la tribu. Petrica era la cabeza de toda su etnia tribal. La Padrina nunca tuvo hijos, pero le sobraban sobrinos y nietos postizos. Petrica y la Padrina, ya fallecidas, eran las ancianas y las sabias de la tribu.

Caminando ausente del presente, se encontró Federica a su otra tía, la tía Dalila, que es un nombre hebreo que significa "la que tiene la llave". La tía Dalila ha sido una cacique para su propia mini tribu, ha sabido influenciar perfectamente a sus integrantes para que giren a su antojo, disfrazada de distraída, con su terquedad y con ideas que parecían descabelladas ha guiado con buen norte a su propia tribu.

Tía Dalila es la tía "visionaria" y tuvo cinco hijos que forman parte de la segunda generación de la tribu Noremo y primos directos de Federica. A Federica no le gusta etiquetar, pero lo hará con sus cinco primos para poderlos llamar de alguna forma y respetar su privacidad. El primo antipara, la prima ángel, el primo artista, la prima vencedora y la prima viajera. Todos con un gran corazón y todos muy unidos a Federica y sus hermanas.

De repente, al final del laberinto pudo advertir Federica que se escuchaban unos llantos de gran dolor, casi gemidos. Se percató que se estaban celebrando dos entierros simultáneos, pero en distintas épocas. Estaban el jardín y la sala de la bella casa de Bello Monte, donde pasó Federica gran parte de su niñez, llenos de sillas negras para el velorio del difunto, las mujeres vestidas de negro de pies a cabeza, con velos y medias del mismo color y los hombres llevaban la famosa corbata negra de ese tiempo con camisa blanca de cuello almidonado. Petrica, su abuelita, lloraba desconsolada, le ha tocado enterrar a su hijo Ulises, el único macho de esa camada. Su único hijo varón. Contaba Ulises con 28 años cuando decidió acabar con su vida tomándose un vaso de ácido muriático que lo llevó de inmediato al puesto de socorro, no hubo nada que hacer, tenía el estómago y esófago quemados y perforados por el ácido.

Revivió Federica de nuevo el entierro de su tío Ulises, pero lo que más recuerda Federica fue cómo, a sus 5 años, ella presenció todo el instante en que Petrica ve que su hijo está muriendo, retorciéndose de los dolores de estómago y botando una espuma blanca y babosa por la boca. Corre Petrica hacia la calle con las manos en la cabeza para pedir ayuda y grita:

—Ayúdenme que se muere mi hijo, se muere mi hijo.

Fue terrible para Federica presenciar, paradita en la escalera de la casa de Bello Monte, cómo sacaban a su querido tío Ulises moribundo para trasladarlo al hospital donde falleció y sentir el dolor de su querida abuelita viendo morir a su hijo. Federica no entendía nada.

Nadie de la tribu habla de ese suceso, posiblemente sea la tía Matilde la que sepa qué martirios vivía su hermano Ulises y qué lo llevó a tomar esa determinación tan drástica. La tía Matilde se llevará otro secreto al más allá.

El otro entierro que se estaba celebrando simultáneamente, 60 años después del primero, era el de la tía "sin rostro". Había muerto la tía anónima, la rechazada, la criticada, la olvidada. Esta tía era la hermana menor de esa generación. Nadie sabe ni le interesa saber qué tormentos vivió, qué demonios la abrumaban, qué tenía en su cabeza, cómo fue su infancia, adolescencia, adultez y vejez. Se fue sola, aunque vino al mundo acompañada y abrazada de su hermana gemela. Petrica, también madre de la tía sin rostro, la ayudó a nacer y Federica está segura de que estuvo con ella acompañándola en su último suspiro para recibirla en la otra dimensión con sus brazos maternales. Ya se reunieron y están juntas con mucho amor en el laberinto de la eternidad.

De la tía sin rostro lo único que sabe Federica es que llevó una vida muy desordenada, por lo que no fue aceptada más en la tribu. Ella tuvo dos hijos varones, primos hermanos de Federica, a los que abandonó muy niños y desapareció de sus vidas. Nadie comprende qué martirios vivía la tía sin rostro, pero lo que sí sabe Federica es que ella era la sobrina especial para esa tía.

Después de estas fúnebres experiencias, Federica entra en escena y puede ver cuál es su lugar dentro de la tribu. Pertenece a la segunda generación. Fue hija primogénita, engendrada por Bernarda, y por consiguiente fue la nieta primogénita de Petrica, fue hermana mayor, sobrina mayor y la prima más grande de su generación. Una gran responsabilidad en los hombros de una niña tan frágil. Aunque fue la mayor de su prole fue la menor en estatura, pero con todo y eso, siempre tenía que dar el buen ejemplo.

Esta segunda generación de la tribu está formada por seis hembras y cuatro varones. Sigue ganando el matriarcado. Federica es la primera de esta estirpe, junto con sus dos hermanas, Ricarda y Anastasia, las tres hijas de Bernarda "la guerrera". Le siguen los cinco hijos de Dalila "la visionaria", tres hembras y dos varones. Y por último los dos varones abandonados por la tía "sin rostro". La tía Matilde "la sabia", no tuvo hijos.

Si buscamos una similitud de la generación de Federica con la generación anterior de sus ancestros, podemos establecer ciertas analogías entre ambas generaciones: Federica es a Bernarda, como Anastasia es a Matilde y como Ricarda es a Dalila. Federica es tan guerrera como mamá Bernarda, Anastasia es tan sabia en esta generación como tía Matilde y Ricarda es tan visionaria y previsiva como tía Dalila.

Federica está extenuada de tantas cosas revividas, ve una hamaca multicolor tejida por una de las mujeres de su tribu que colgaba de los troncos de la choza y se tumba en la misma. Poner la cabeza en el *chinchorro* y dormirse fue la misma cosa. Se siente en su hogar, respirando su propia esencia.

Hablar de la relación de Federica con sus dos hermanas Anastasia y Ricarda sería enriquecedor y al mismo tiempo agotador, por lo que decide voltearse y seguir sumida en su placentero sueño dentro del *chinchorro*. Cuando vuelva a su conciencia cerrará la puerta de su tribu y continuará su recorrido a la próxima entrada de su existencia.

TRIBU NOREMO

PETRICA

La Padrina
(hermana de Petrica)

Bernarda
(mamá de Federica)

Federica

Tteo

Fernando

Thamansa

Matías

Tiano

Ricarda

Anastasia

Tía Matilde

Tío Ulises

Tía Dalila

Antipara

Ángel

Artista

Vencedora

Viajera

Tía Sin Rostro

Anónimo

Anónimo

Retazo 5

Los Cangrejitos

Sale Federica de la maraña de su tribu y quiere entrar a un pasaje más liviano y fresco. Se reencuentra con el fastuoso y floreciente cangrejo y lo mira directo a los ojos, con cierta complicidad, como pidiéndole que la oriente a qué llave tomar para su próxima migración, quiere tener una hermosa y refrescante vivencia en la siguiente ronda a emprender. El cangrejo parece leer la mente de Federica y levanta su sexta pata rodeada de flores silvestres anaranjadas, las favoritas de Federica, para entregarle la sexta llave, que fue escogida por el cangrejo y no por Federica. Era una llave azul sostenida por un cordón umbilical.

En este momento el cangrejo le habló por primera vez a Federica y le dijo:

—Al entrar a este callejón verás una hermosa pradera, con muchas flores. Acuéstate en el pasto, relájate, respira profundo y déjate llevar.

Se dirigió Federica al serpenteante camino acercándose a la entrada de este lindo callejón, una mariposa posada en la cerradura de la imaginaria puerta levantó el vuelo al sentir a Federica, y metiendo la llave azul sin ninguna dificultad por el canal que hacía de cerradura, se deslizó Federica por el pasaje e hizo lo que le dijo el cangrejo de flores, se dejó llevar. Enfrente una gran pradera verde y húmeda la invitó a entrar, una niebla azul pálido muy cálida la cubrió, un grupo de mariposas de distintos colores sobrevolaron a su alrededor y cayó Federica en una gran levitación rodeada por el cordón umbilical que sostenía la llave.

En su levitación recordó Federica los momentos previos al nacimiento de sus dos hijos Fernando y Matías, y se dejó llevar a esta sublime y elevada regresión en el tiempo.

La emoción que embargaba a Federica los días previos al nacimiento de su primer bebé, a quien llamará Fernando, nombre de origen germano que significa "el guerrero audaz", la hizo irse al dispensario unas dos veces con maletas hechas y la canastilla a cuestas pensando que nacería el niño, y con mucho desconsuelo regresaba a su casa con las manos vacías porque el galeno le decía que todavía no era el tiempo. Cualquier movimiento estomacal, las pataditas del bebé, todo lo confundía la primeriza Federica con contracciones.

Estaba Federica deseosa de llenar esa cuna vacía. Ahora sí, va Federica de su casa rumbo al hospital. No puede esperar más para abrazar y besar a su primogénito que nacerá pronto. Hoy es el gran día, uno de los días más felices, espera Federica ansiosa y emocionada a la vez a Fernando, su primer hijo.

Este hermoso bebé emergió de su vientre por cesárea. Al brotar Fernando de su panza sintió Federica un gran espacio eterno en su barriga, algo que había estado unido a su cuerpo por nueve meses se desprendió como un nuevo ser lleno de vitalidad, y al despegarse Fernando de su madre y llegar a este mundo, sintió él igualmente un vacío frío e inmenso como el infinito. Acaba de nacer el campeón. Federica lo recibe con un caluroso abrazo y un beso maternal que los unirá para siempre. Al ver Federica el resplandor y brillo del pequeño Fernando, ve reflejada su propia cara en su hermoso bebé. Es el espejo de ella misma. La cara de la criatura era una calcomanía de su madre, como quien calca una silueta. Fernando es su repetición. Fernando, el triunfador, nació peludo, sus ojos enmarcados por dos espesas cejas y con el cabello negro con un penacho liso en el tope de la cabeza, chupándose el índice derecho con desesperación, y así lo colocaron en su cunita transparente en el hospital. Su amado y esperado Fernando.

Han pasado dos años desde el nacimiento de Fernando y Federica se encuentra de nuevo en la sala de partos, ahora esperaba a su segundo hijo. Federica, llorando sin control, sentía que le exprimían el corazón, desde las órbitas de sus ojos, las lágrimas le brotaban sin control cayendo por gravedad sobre el piso de fríos mosaicos blancos, donde la preparaban para ese momento tan maravilloso e íntimo que sólo saben sentir madre e hijo. La enfermera, vestida de un blanco inmaculado, entra con su fría indumentaria, tijera y rasuradora en mano para preparar a Federica para ese instante preciso de la concepción, para que el nacimiento de su segundo hijo sea lo más higiénico posible.

En un gesto de compasión, la mujer le pasa la mano por la cabeza a Federica y le pregunta si desea que haga pasar a su marido Fabián, quien se encuentra en la sala de espera. Federica contesta con un lacónico "no". Lo que menos quiere en ese momento tan especial para ella y su nuevo crio, es ver a Fabián al lado de ella, ese hombre que la ha hecho sufrir tanto durante su embarazo. Quiere compartir ese momento tan especial sólo con Matías, su próximo hijo. Matías, es un nombre de origen hebreo que significa "regalo de Dios" y es el mejor regalo para Federica en este momento de su vida.

Matías llega en el momento justo, ni un minuto antes ni un segundo después, llega en el instante preciso para darle a Federica toda la fortaleza que ella necesita para seguir adelante. Al nacer Matías por cesárea, brotó de su vientre, luminoso y triunfante; Federica lo besa, lo abraza, le da la bendición, le susurra al oído que lo ama, y sabe que ese hermoso *nené*, le está abriendo todos los horizontes futuros que ella explorará sin miedo. Comparten ese divino y místico momento donde son cómplices los dos y que sólo pueden compartir hijo y madre, madre e hijo, Federica y Matías. Un instante único de los dos. Federica vio a su hijo y no se imaginó que ella hubiera podido crear esa impecable y minúscula criatura, sintió su olor a vida nueva que empieza. De allí en adelante se sienten unidos. Matías es su continuación, es su sombrita y lo rodea sabiendo que es parte de su propio ser. Nació el segundo campeón de Federica. Otro triunfador. Matías, diferente a Fernando, nace con su pelo lleno de suaves caracolitos, chupándose sus dedos diestros medio y anular, y unas largas pestañas arqueadas que se le enredaban entre sí al abrir y cerrar sus ojos. Su amado y esperado Matías.

El amor más puro, sublime y desinteresado que ha tenido Federica es el amor de sus hijos, su amor de madre. Sus dos amores, sus dos hijos Matías y Fernando, Fernando y Matías, la escogieron para que fuera su madre. Federica sintió el privilegio de ser escogida por ellos para concebirlos. Su gran fortuna son ellos, Federica nació para ser madre. En los instantes simples de todos los días y en los eventos importantes de su vida, Fernando y Matías siempre han estado a su lado.

Algo imperceptible despierta a Federica, que se encuentra tumbada y soñando sobre la grama de esa bella pradera. Con los ojos entre abiertos, se percata Federica que dos hermosas mariposas coloridas vuelan a su lado como indicándole que el camino debe continuar. Federica se despereza y corre detrás de las mariposas de colores que aleteando a su lado, la dirigen al gran cangrejo que la espera y a quien le entrega la llave azul para que él cierre la puerta. Qué regresión maravillosa la que ha vivido Federica.

Retazo 6

La mitad faltante

Después de haber retrocedido a su esencia maternal y haber revivido los lindos momentos de su gestación y el nacimiento de sus hijos, Federica ya estaba totalmente recargada, lista para continuar zigzagueando dentro del próximo laberinto. Abrió Federica la cajita que se encontraba debajo de la última pata del gran cangrejo, extrajo la única llave que quedaba, la llave siete, que la llevaría a la séptima dimensión a explorar.

Al tomar Federica la llave entre sus manos vio que era una llave dorada en forma de avión, cerró los ojos y visualizó que estaba llena de ilusión y proyectos futuros. Metió la llave en la gran cerradura que tenía de frente y al dar vuelta al trinquete se levantó la barra que cerraba la puerta de un avión. Al pasar bajo el umbral del aeroplano vio Federica a su hermana Anastasia y sus sobrinos saludándola, ondeando una banderita de los Estados Unidos en la mano y cuando volteó la cabeza hacia atrás vio Federica al resto de su familia despidiéndola con la banderita tricolor de su querida Venezuela, amarillo, azul y rojo y sus ocho estrellas en el color azul. Tenía Federica 35 años, y ese nuevo país que tenía delante de ella, no se imaginaba Federica que se convertiría en su patria prestada.

Hoy, 13 de agosto de 1988 es un día muy especial. Empezaría Federica a vivir la parte faltante de su existencia, realizaría uno de sus sueños, está muy emocionada, le sudan las manos y siente movimientos en el vientre. Desde niña vio Federica con mucha añoranza y hasta con envidia a todo el que tenía la oportunidad o bendición de vivir o estudiar en los Estados Unidos. Lo veía inalcanzable para ella. El 13 de agosto, llegó esa oportunidad, una ocasión que no desperdiciaría y que pudo aceptar gracias a que su hermana Anastasia y su cuñado Rodolfo le ofrecieron compartir en su casa, todos juntos como una gran familia, una estadía de un año en los Estados Unidos. Esa estancia de un año en Washington, DC, culminó siendo gran parte de la vida de Federica. Lo más esencial y básico era que podían ir los tres, Federica, Fernando y Matías. Estaba Federica frente a una oportunidad única, una propuesta que le abría un abanico infinito de nuevas posibilidades a su existencia.

Volaban sobre y entre las blancas nubes que simulaban un inmaculado algodón blanco, estaba Federica pasmada con este espectáculo sobrenatural que la remontó a su niñez cuando jugaba con las nubes, imaginando en sus formas, gigantes y dragones, monumentales castillos de princesas y ángeles volando con sus alas doradas. Así transcurrió el vuelo de Federica, junto con Matías y Fernando en esa gran ave voladora que los llevaría de Caracas a Washington, DC. Lo que nunca imaginó fue que ese año sabático que ella estaba tomando, se transformaría en más de treinta años, casi más de la mitad de la vida que ya había vivido y todo lo que le falta por vivir que no es una mitad exacta sino una mitad y más *palante*.

La mitad ya vivida la vivió Federica en su bella Venezuela, su niñez, su adolescencia, su juventud, sus embarazos y parte de su maternidad; una de las etapas más apasionantes de su vida. Vivir en el valle de Caracas, fue para Federica, respirar ese aire caribeño, despertarse todos los días con *El Ávila* a sus pies, el azul intenso del cielo de la capital sin una nube que lo perturbe, con el olor a café *guayoyo* recién colado y el olor a las *arepas* que se están cocinando en el fogón, con el canto de las *guacharacas*. Esta vivencia sólo puede ser entendida por otro venezolano contemporáneo con Federica o por cualquiera que haya vivido fuera de su terruño, donde la añoranza es compartida. Ella es venezolana hasta el tuétano de sus huesos. Federica salió de Venezuela, pero Venezuela nunca ha salido de su corazón. Cuando abandonas un país dejas una parte tuya allí y la vida de Federica empezó a tener otro color desde ese instante. Federica puede diferenciar las cosas buenas y no tan buenas de ambas patrias, su país prestado y su país natal, y tomar de cada uno lo mejor de cada tierra.

En esta séptima dimensión quiere Federica revivir episodios sueltos de su vida sin ningún orden cronológico, que pueden sonar fuera de contexto. Estos han sido momentos felices y no tan felices, viajes encantados, anécdotas interesantes, vivencias extraordinarias, todos vividos durante la segunda mitad de su vida.

Estando en París, y antes de entrar al Jardín de las Tullerías, Federica decide hacer un paréntesis y subir a la Torre Eiffel, un majestuoso armazón de acero. Federica y el ascensor ascienden, van a gran velocidad hasta lo más alto de la torre. Al bajarse del elevador y entrar al mirador de 360 grados, aprecia la inmensidad del río Sena a lo largo de la metrópoli parisina y la majestuosa vista de la ciudad de Paris, la cual se puede observar por los cuatro puntos cardinales, perfectamente diagramada. Se le olvida su acrofobia o vértigo a las alturas que siente cada vez que aborda un avión; no es momento de pensar en miedos, es momento de vivir ese instante único, que no se repetirá y que la llena de buena vibra de pies a cabeza, tan mágico que no piensa en más nada. El cielo azul sin una nube es de tal pureza que se ve más cerca desde lo alto de la torre. El viento penetra por sus cabellos, desordenándolos a su placer, y Federica se deja, aspira ese aire que parece más puro desde las alturas.

Al bajar de la Torre Eiffel continúa su recorrido por los Campos Elíseos, que la llevan a caminar a lo largo de la Plaza de la Concordia con su cálido Obelisco, que le traen a la memoria a la plaza Altamira en su ciudad natal, Caracas y al Monumento a Washington, en su ciudad prestada Washington, DC.

Siguiendo su lento recorrido por la larga explanada de tierra, a lo largo del Jardín de Las Tullerías, se encuentra de cara con el famoso Museo del Louvre con su pirámide de cristal enfrente; entra al museo muy impresionada y recuerda Federica que lo recorrió largo rato, visitando cada una de las obras que encontró a su paso. Se estacionó frente a La Gioconda, en este atiborrado museo de Paris, la miró a los ojos sintiéndose tan imponente como ella, la observó desafiante, estaba compitiendo con esa monumental pintura de Leonardo da Vinci y se dio cuenta de que son iguales, que entre ella y la Mona Lisa del Louvre no hay diferencias, más bien las unen las similitudes que tienen, su profunda mirada, su pícara y angelical sonrisa, su sedoso pelo negro partido por la mitad y su aura maternal. Se dio cuenta Federica de que ella es la obra de arte de Bernarda, su madre.

Continúa Federica recordando momentos sueltos de la segunda mitad de su vida y es cuando se encuentra en una larga visita en Caracas, y con una gran misión que terminar, pero no se atreve. Esperaba tener el valor de hacerlo, de decírselo, parecía una chiquilla que se crispaba cuando la veía a la cara. Lo seguía posponiendo, no puede, ¿por qué será tan difícil? Así pasaron cinco largos meses, sin decidirse a verbalizarlo, mentalmente ella sabía que era así, que la amaba, que la valoraba, que la admiraba, que era una guerrera, que tenía que dejar escapar todos sus resentimientos, pero había que vocalizarlo para que ella lo escuchara. Esto era parte de un ejercicio que le había sugerido su terapeuta para desprenderse de ese peso, pero sesiones de terapias iban y venían sin el resultado esperado. Por fin, dos días antes de su regreso a su patria prestada, Federica, tomando la mano de Bernarda entre las de ella, le soltó lo mucho que la quería, por fin le dijo lo orgullosa que estaba de ella y le dio las gracias por todo lo que había hecho por ella. Federica le dijo:

—Mami, no sabes cuánto te admiro, reconozco todo lo que me has dado y has hecho por mí, gracias por ser mi mamá. No podría tener una mejor madre.

Y al decirle eso, Federica sintió que soltaba a volar todo ese *morral* pesado que llevaba atado a sus hombros y así quedó conectada y unida de nuevo, para siempre, con Bernarda. Esa conexión que sólo Federica sintió con Bernarda en el momento de su nacimiento y que con el pasar de los años se había fracturado, se recuperó. Ya están enlazadas nuevamente.

Sigue Federica viajando a lo largo de esta línea de vida, recordando que, en su camino al desapego, al desprendimiento franciscano de las cosas materiales y como parte de este largo e interminable proceso de transformación, es cuando Federica, junto con unas amigas, emprendieron una ruta de peregrinación cristiana que se dirige a la tumba del Apóstol Santiago que se encuentra en la Catedral de Santiago de Compostela, en Galicia, España.

Éste ha sido un camino de crecimiento espiritual, de compartir, de tolerancia, de silencio, de fe, de meditación, de amor a la naturaleza, sin acceso a las redes sociales ni al teléfono, fue una senda llena de mucha abundancia, donde no faltó nada, hubo mucha camaradería al prójimo, entre las amigas y entre los peregrinos del camino; seis días llenos de plena paz, donde todos estaban en iguales condiciones, sin miedos, livianos de equipaje, con el slogan tradicional de proclamar un "buen camino" al prójimo. Todavía tiene Federica mucho que aprender y mugre que soltar de su interior, mucha basura que drenar, no es fácil porque la esencia es algo con lo que se nace y a lo largo del recorrido por la vida se debe dominar y modificar.

A Federica siempre le ha resultado muy difícil hablar sobre ella misma porque no recuerda mucho, pero si presiona un poco a la memoria larga, puede recordar maravillas, fue así que empezó a despedirse de estos fantásticos acontecimientos de su recorrido por este séptimo sendero. Todo surgió sin pensar, empezó a escribir sobre ella misma, escribiendo desde el corazón, a rasgar todo lo que surgía de adentro y venía a su mente y fue así que se dio cuenta que lo que escribía era ella misma, era su esencia natural y le gustó. Y así puso a volar su corazón:

"Nací muy cerca de la mitad del planeta, donde el sol calienta la tierra y las palmeras brotan salvajemente. Soy independiente, pero muy lejos de ser feminista, por lo que creo plenamente en el amor y la caballerosidad del sexo opuesto y en la conquista del hombre por la mujer. Amante de la música romántica y la lectura, apasionada con los libros de

Paolo Coelho, Isabel Allende y María Dueñas. Disfruto mucho viajando y conociendo lugares nuevos, donde no dejo de visitar sus museos y de hablar con su gente. Me encanta escuchar música, especialmente sentada frente al mar, bajo el sol o bajo las estrellas, con una copa de vino tinto y conversar con alguien desde el corazón, tratando de cambiar el mundo, recordando anécdotas hasta desmayarnos de la risa. Soy una romántica empedernida, escribo poemas, he hecho teatro, amo las puestas de sol y los amaneceres. Disfruto de las cosas sencillas que nos obsequia la vida, como abrazar y besar a mis hijos y nietos, dormir en una cama calientita con sábanas recién cambiadas, resolviendo mi Sudoku favorito antes de caer en los brazos de Morfeo, mi fiel amante."

Así deja Federica abierta esta séptima puerta, es la única que no cerrará, porque todavía le quedan muchas vivencias en este retazo de vida que Dios le ha dado y le está permitiendo vivir...

Retazo 7

La princesa y su depredador

Federica no tiene llave para entrar a este laberinto. Para darle un nombre, lo llamará "el laberinto del depredador", no hay puerta ni llave para traspasar porque este sendero es parte del pasaje que abrió Federica con la llave siete. Este es un acontecimiento que no quiere dejar pasar por alto, no por darle importancia al personaje, sino porque tocó una fibra interna y muy íntima en su vida.

A lo lejos empieza Federica a escuchar una hermosa canción, reconoce la melodía, de momento recordó que esa música la enloqueció en algún instante de su existencia, viene a su memoria el haberla bailado con su príncipe y su imaginación la trasporta a la pequeña casa de tejas rojas al estilo español donde tiene lugar el baile de la princesa y su depredador. Le abren la puerta dos hermosas muñecas de madera, que resultaron ser sus dos sobrinas vestidas de verde, quienes la llevan de la mano al salón, caminando y serpenteando por un largo y angosto pasillo, hasta llegar al recinto donde Federica puede oír más claramente la música:

"Si me hablas tú, con el corazón,
con tu voz enciendes mi pasión.
Poco a poco pierdo la razón.
Si me quieres tú, más te quiero yo.

Por un solo beso,
lo que tú me pidas te lo doy.
Nunca pensé sentir un amor así,
tener un amor así, que me quiera más y más.

Nunca pensé sentir un amor igual,
un amor que me diera todo lo que tú me das.
Acaríciame como sabes tú
y me vuelve loca, cuando tú me tocas
corazón..."

Federica y Edgardo bailaban y coreaban esta melodía de José Feliciano y Lani Hall, mirándose en armonía, sin poner la mínima atención al iluminado salón de baile que estaba repleto de personas, todas las miradas estaban fijas en ellos. Eran todos los invitados a la segunda boda de Federica y a la cuarta de Edgardo. Ella brillaba y con entusiasmo coreaba la parte de Lani Hall y él, emocionado, doblaba la parte de José Feliciano. Tenían Federica y Edgardo 55 años. Federica conoció a Edgardo en el internet y lo demás es historia, Edgardo y Federica juntos hoy dándose el "sí" y otra oportunidad de vida.

Edgardo es un hombre caballeroso, romántico, detallista, amable, cordial, planificador, ordenado, protector, profesional, casi perfecto, pero como varón no la hace vibrar, incapaz de provocarle ni un solo orgasmo cuando penetraba a Federica, y a él no le interesa hacerlo tampoco, tienen un amor blanco e inofensivo, sin pasión. Edgardo no se sale de sus reglas, la vida con él es aburrida, blanca o negra, no hay espacio para salirse de la línea vertical u horizontal que él traza. Edgardo y Federica fueron dos líneas rectas que caminaron en paralelo, pero nunca convergieron para tocarse.

Federica es una mujer muy romántica, le gusta experimentar cosas nuevas y diferentes. Es totalmente elemental. Entre ellos había mucha atracción, pero poca pasión. Federica se enamoró de las atenciones y caballerosidad de Edgardo, de su nitidez, de su amabilidad, de su perfección, de su orden, del hombre inofensivo, se enamoró del cascarón, pero no del hombre salvaje que la desea, que la hace suya con tan sólo mirarla, que la huele, que la eriza, que la moja.

Durante el tiempo que estuvieron juntos Federica lloró sólo dos veces, una de gran alegría cuando Edgardo le pidió con un solitario anillo de brillante que formara parte de su vida, y la otra de gran tristeza cuando Edgardo una noche la sacó de su vida de una gran patada.

En ese momento, sintió todo el aliento de Edgardo que antes era de amor convertido en hiel, en odio y en reproches hacia ella. Federica estuvo viviendo y compartiendo su cama con ese desconocido en un cuento de hadas que duró ocho años, totalmente anestesiada, cuando conoció al verdadero Edgardo, esa noche el individuo tenía el corazón congelado. Ese hombre protector y amoroso con ella el día anterior, esa noche también miraba diferente, cuando le escupió sin ningún control toda la basura que tenía dentro de él. Despertó el monstruo dormido, rugió como nunca lo había hecho, gruñó con toda su fuerza, le vomitó toda su porquería interna.

Federica se quedó en el sitio sin poder reaccionar, totalmente atontada. Sin poder esputar ni una sola palabra, se quedó muda, congelada, anonadada, escuchando impávida al extraterrestre. El tiempo se detuvo para ella. No sabe si es la misma persona que está en su cuerpo físico. Se pellizcó pensando que era un sueño. No era un sueño, era su realidad. Una lágrima colgada como una estalactita rodó por su mejilla golpeando el cristal de su copa, produciendo un *click* como quien va a dar un discurso durante un brindis, pero este *click* era para el discurso final, el discurso de despedida, del adiós para siempre, un discurso que Federica nunca pronunció.

Qué bombazo para Federica, sin compasión, sin delicadeza, sin sensibilidad, sin humanidad y lo más duro para ella, sin vuelta atrás. Sin oportunidades, sin pacto, sin pataleo. Edgardo no quiso luchar, él tomó su decisión, una decisión unánime y unilateral. Edgardo, un hombre no comprometido con sus relaciones, todas las acaba intempestivamente, como los depredadores que esperan el momento preciso para atacar a su víctima. Realmente un verdadero psicópata. El príncipe se transformó en un monstruoso y dañino depredador. Edgardo siempre tuvo bajo control todos sus sentimientos, la forma de acariciar, de amar, de eyacular, rígida, no tenía una zona gris de locura. *¡Qué riñones!*, decirle a Federica que él quería ser feliz. Jamás vas a ser feliz, Edgardo, mientras no sueltes a volar tu corazón, mientras lo tengas prisionero con todos tus complejos.

Antes de irse del laberinto del depredador, donde Federica dejará la puerta totalmente abierta para que entre el aire libremente y se ventile el ambiente, Federica decide meditar un poco sobre su propia esencia de mujer, de mujer que ama y que nunca dejará de amar. Cierra los ojos y se sienta en posición de flor de loto, cuyo significado budista es la pureza del cuerpo y del alma.

En su profunda meditación, comienzan a llegar memorias de su vida antes de conocer a Edgardo, todos los eventos vinieron a su mente naturalmente, cayendo como copiosas cascadas bajando de la montaña invernal al valle verde. Entonces, empieza Federica a recordar su propia silueta, a verse ella misma, se percibe idéntica a lo que es, puede verse desde arriba con un aura muy clara y pura que la recubre y la envuelve toda, y con el arquetipo de la diosa a flor de piel.

De esta forma tan genuina y transparente se presentó Federica ante Edgardo, quien supo aprovecharse de su legítima naturaleza para cortejarla y entrar a su vida. Edgardo, un hombre hermético, cerrado, impenetrable. Ahora recuerda Federica cuando se conocieron, nunca se comunicó, no conoció su parte interna y Federica estaba ciega, nunca preguntó, ni investigó. Se enamoró del hombre disfrazado y que nunca se desvistió.

Todo lo que la había cautivado de su marido, empezó a desvanecerse y qué bueno que Edgardo, el depredador, ya forma parte de la historia de Federica, de una novela de ficción, linda y dolorosa a la vez, que pasó flotando por su savia como una burbuja de fantasía. Este fue un período de mucha paz para Federica, un período de mucha tranquilidad, hasta que despertó el depredador, se levantó el monstruo. Entonces Federica recogió los pedazos de su corazón que habían quedado esparcidos en el piso, los pegó y con la cabeza en alto siguió adelante moviéndose en diferentes ciclos evolutivos.

Federica brillaba igualmente y ella tiene en este momento 65 años. El mismo recinto donde se celebraba la boda ahora está totalmente vacío, sólo la princesa corea otra melodía de José Feliciano:

"Para decir adiós vida mía
y que estaré por siempre agradecida.
Me acordare de ti algún día.
Para decir adiós sólo tengo que decirlo.

Comprendo por mi parte tu triste decisión
y aunque el corazón lo tengo herido,
si no puedo tenerte entonces, pues adiós.

No podremos fingir cuando el amor se ha ido.
No quiero que te afanes pensando que tal vez
yo implore que te quedes a mi lado.
Guardemos el recuerdo de la primera vez
del amor que ambos hemos dado".

Léxico venezolano

Este glosario se presenta al lector para facilitarle la comprensión de algunas expresiones venezolanas, venezolanismos y la mención de lugares de mi país que fueron utilizados en el viaje imaginario de Federica. Las explicaciones son hechas en la gran mayoría por la escritora.

arepa (página 65) – Alimento típico de Venezuela, elaborado de harina de maíz, se cocina al fogón y al horno. La arepa no falta en el plato diario de la comida del venezolano.

chinchorro (página 54) – Hamaca. En Venezuela hay todavía áreas rurales donde las familias utilizan el chinchorro como camas.

El Ávila (página 65) – Conocido como el Cerro El Ávila está ubicado al norte de la ciudad de Caracas, con una altitud promedio de 2.140 metros y forma parte del Parque Nacional El Ávila. Todo esto hace que la vista desde El Ávila constituya un panorama único en el mundo del valle de Caracas.

guacharaca (página 65) - Es un ave que abunda en todo el territorio nacional de Venezuela. Su canto es la onomatopeya de su nombre, es totalmente domesticable y puede convivir con la gallina. Cuando se cría en el corral es muy mansa[1].

guayoyo (página 65) – Es un café "*colao*", como lo llaman las abuelitas. Es una forma de preparar el café muy típico de Venezuela. Éste se prepara añadiendo agua caliente a un colador de tela, usualmente de algodón, donde ya previamente se ha colocado el café molido.

morral (página 69) – Saco o mochila que se apoya en la espalda y normalmente cuelga de los hombros. En Venezuela se le llama a la mochila que utilizan los estudiantes para transportar sus libros.

nené (página 61) – En Venezuela es un sinónimo de bebé.

palante (página 65) – Es una expresión coloquial venezolana que significa "camina para adelante, no te detengas" y se utiliza mucho para animar a las personas a hacer algo.

---

1 El lenguaje de los pájaros: La Guacharaca. Por Meche, 21 de septiembre del 2011. Publicado en www.venezolanossimpreblogspot.com

papagayo (página 13) – Cometa. El papagayo o cometa es uno de los juegos tradicionales en Venezuela, especialmente en los pueblos.

Preparatorio (página 26) – En la época de Federica, se llamaba *Preparatorio* al nivel del preescolar entre el kínder y el primer grado. Era un nivel de preparación para comenzar la primaria. Hoy en día, en Venezuela han cambiado los nombres de los niveles escolares.

¡Qué riñones! (página 77) – Expresión coloquial venezolana que significa: ¿Cómo se te ocurre?, pero con mucha admiración.

Silabario (página 26) - Es un libro destinado a la enseñanza inicial de la lectura, o alfabetización, donde se presentan las palabras en forma sencilla y descompuestas en sílabas. Federica aprendió a leer en un Silabario.

Nota del Autor

Han pasado cinco años desde que tuve la inquietud de comenzar a escribir algo sobre Federica —mi seudónimo—, sobre su prole, sobre su vida. Algunos llaman a estos relatos "memorias", pero yo los llamé "retazos". Durante estos 5 años transcurridos, han crecido mis nietos, han nacido otros, y nuevos acontecimientos han ido sucediendo en mi existencia.

Llega un momento en todo camino que debes ir estrechando y cerrando, no digamos círculos, pero sí despidiéndote de tu fábula, porque si no, ésta sería interminable y cada vez me vendrían a la memoria más y más sucesos de mi vida. Espero que con esta cápsula de relatos puedan conocer un poco más mi esencia, mi fantasía, mis emociones, mi vida, mis antepasados y no solamente ver la cáscara que me recubre, sino puedan leer mi corazón.

Agradecimientos

Quiero agradecer al cangrejo que me acompañó en este relato, pues ha sido mi cómplice fiel y mi amigo imaginario; para mí, él significa la amistad. En cada pata del cangrejo me recibía cada una de mis amigas, las que han estado siempre presente en mi vida y aquellas que han estado, pero han desaparecido sin dejar rastro. Aunque no hablé de cada una de ellas en esta leyenda, quiero agradecerles porque todas han estado a mi lado perennemente cuando las he necesitado, en la distancia, en el pensamiento, en el silencio y durante esta narración.

Decidí no nombrar a nadie en este agradecimiento para evitar omisiones, pero quiero dar las gracias a las personas elegidas como primeros lectores de este relato para darme su opinión sobre la fluidez del texto. Todos sus comentarios fueron invalorables e incorporados en el libro.

A toda mi tribu por permitirme desnudar eventos familiares que me tocaron en mi fibra íntima. A mi familia, que fueron los protagonistas de este imaginario viaje y me acompañaron durante el vuelo en todo momento. A mis dos hijos que han sido mis cómplices en esta aventura. A mis tres nietos, que empezaron este camino de fantasía con su abuelita Federica.

Le doy las gracias infinitamente a todo lector que, sin conocerme, se tome el tiempo de bajar la velocidad en su diario vivir y pueda sentarse a leer este retazo de mi vida. Deseo que todos lo saboreen, lo desmenucen, lo mastiquen suavemente, hasta digerirlo lentamente.

Made in the USA
Middletown, DE
29 October 2020

22921975R00054